El día que

Se dedica este libro a n
Te quiero mucho

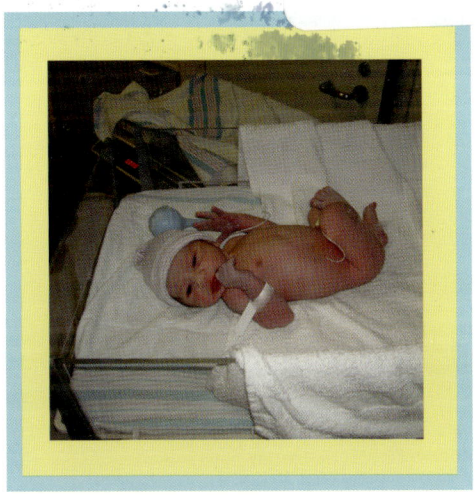

Texto y fotos por
Donna L. Cuevas Roeder

Cuando nací, pesé seis libras.

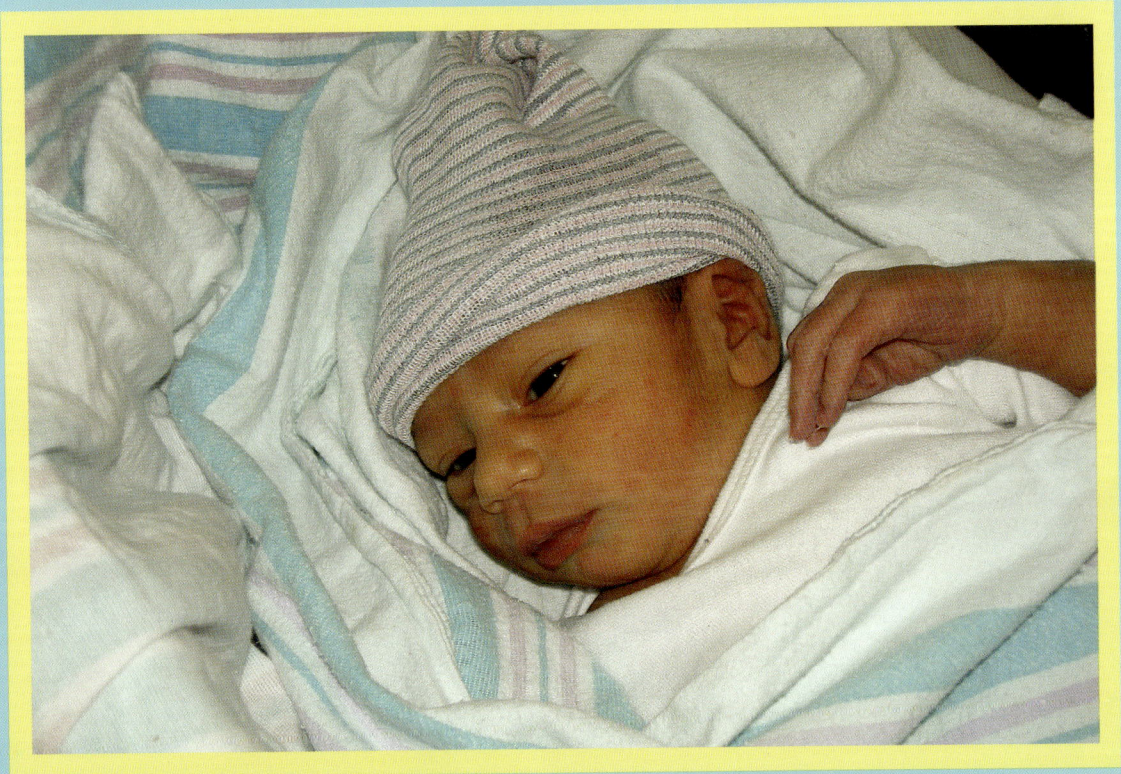

La enfermera me envolvió en una cobija. Me puso una gorra para que estuviera cómodo y calentito.

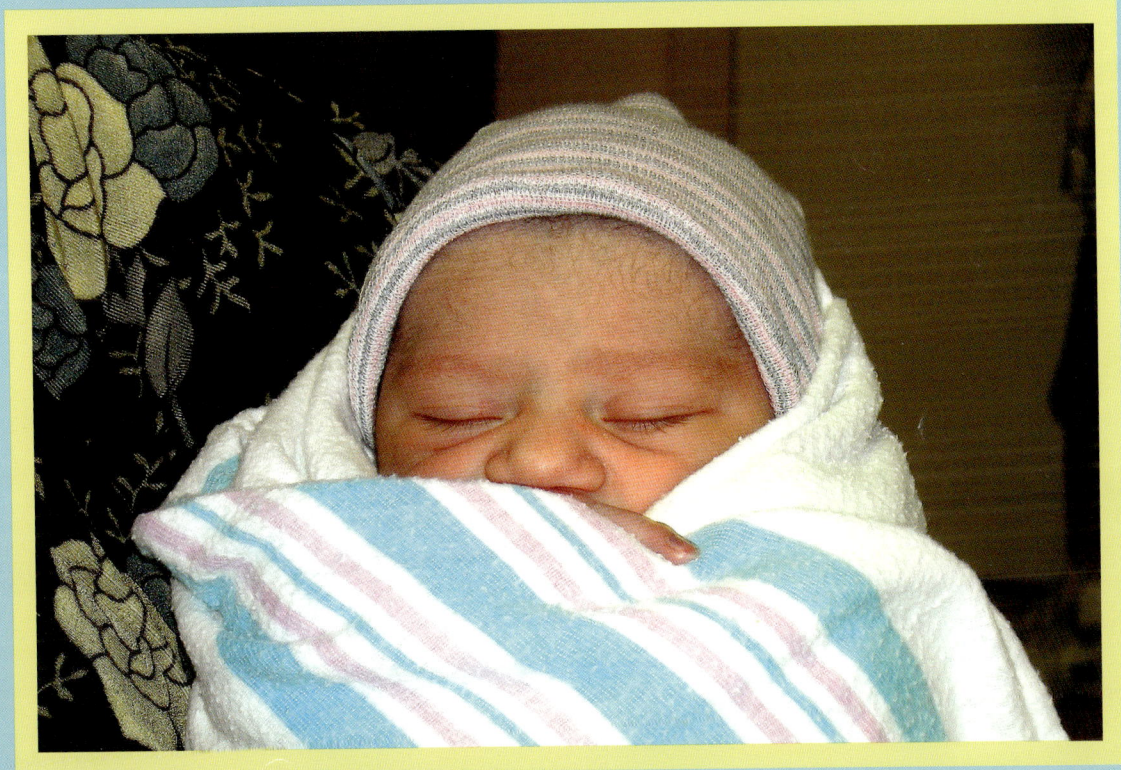

El color de mi piel era amarilla.
Por eso, me dormí en una incubadora por tres días con una luz especial.

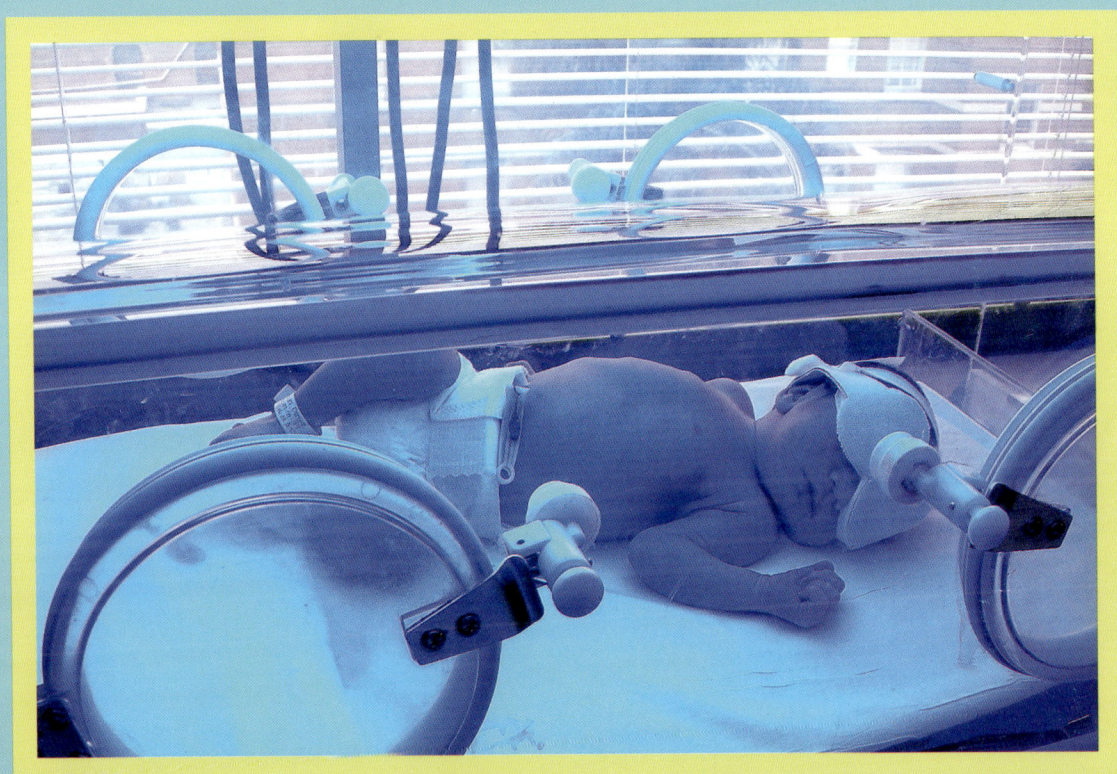

Mi papá compró flores para

mi mamá.

¡Qué flores tan hermosas!

Tres días después, el doctor le dijo a mi mamá que yo estaba sano y fuerte para salir. Después, mi mamá me alistó para llevarme a la casa.

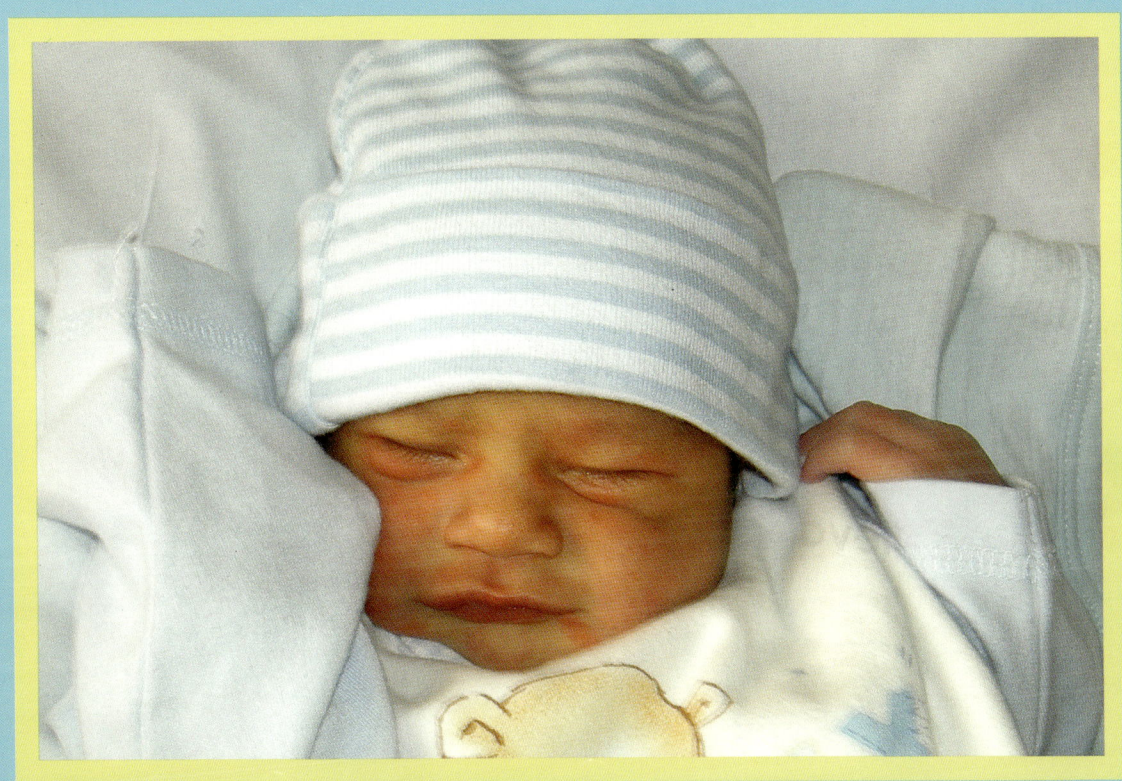

Mis padres y mis hermanos prepararon mi cuarto para mi llegada.

Mis hermanos mayores estaban muy emocionados cuando me vieron por primera vez. ¡Yo fui muy bendecido con una familia amorosa y cariñosa!